AF509122

INSTRUCTION PUBLIQUE.

FACULTÉ DE DROIT DE STRASBOURG.

ACTE PUBLIC
SUR L'INTERDICTION,

SOUTENU

A LA FACULTÉ DE DROIT DE STRASBOURG,

Le Samedi 29 Août 1818, à quatre heures de relevée,

POUR OBTENIR LE GRADE DE LICENCIÉ EN DROIT,

PAR

LOUIS-ISIDORE THIRION,

BACHELIER EN DROIT,

DE METZ (DÉPART. DE LA MOSELLE).

STRASBOURG,

De l'imprimerie de LEVRAULT, impr. de la Faculté de Droit.

1818.

M. Hermann, Chevalier de l'Ordre royal de la Légion d'Honneur,
Doyen de la Faculté de Droit.

EXAMINATEURS:

MM. Thieriet de Luyton,
    Laporte,   } Professeurs.
    Arnold,
    Kern, ... Suppléant.

DE L'INTERDICTION.

SECTION PREMIÈRE.

Définition, division.

LE François majeur est capable de tous les actes de la vie civile; mais il est beaucoup d'infortunés, parvenus à l'âge de majorité, qu'une foiblesse des facultés morales ou un dérangement d'organes a mis dans l'impuissance de jouir de leurs droits. Les lois, qui conservent toujours sur leurs sujets un empire absolu, parce que c'est d'elles qu'ils tiennent leur état, leurs propriétés, que c'est par elles qu'ils en ont l'administration, sont venues suppléer à leur incapacité, en leur donnant un tuteur ou un conseil : de là l'interdiction.

« L'interdiction est la déclaration faite par le juge qu'une per-
« sonne majeure est, à raison du dérangement ou de l'affoiblisse-
« ment de ses facultés morales, incapable de procéder par elle-
« même à aucun des actes de la vie civile. »

L'interdiction est totale ou particlle, suivant qu'elle est prononcée contre une personne qui est dans l'impossibilité absolue de se conduire et d'administrer ses biens, ou qu'elle a lieu lorsqu'une personne peut contracter des obligations ou faire des actes ruineux par foiblesse ou prodigalité. Ces deux espèces d'interdiction sont assujetties aux mêmes règles et formalités, quant au mode de pro-

1

vocation, instruction, nomination et révocation ; mais elles ont entre elles des différences essentielles quant à leurs effets.

Le Code françois n'a pas voulu assimiler le prodigue au furieux ; il n'a pas entendu non plus que son interdiction pût être regardée comme une peine, mais bien comme une précaution prise contre lui-même, et dont il devoit retirer le premier tout l'avantage.

SECTION II.

Par qui et contre qui peut être provoquée l'interdiction.

§. 1.er

Le Code établit ici une distinction qu'il tire des causes mêmes qui donnent lieu à l'interdiction, suivant qu'elles intéressent plus directement la famille seule de l'interdit, ou la société en général.

Dans le premier cas, qui est celui d'imbécillité ou de démence de la part du défendeur, tous les parens, quelque éloignés qu'ils soient, peuvent provoquer l'interdiction (art. 490).

L'époux peut provoquer celle de son époux, et, suivant M. Pigeau, l'allié celle de son allié. Cependant on pourroit objecter que « toute action est fondée sur l'intérêt qu'on a à l'exercer ; c'est « en ce sens qu'on dit que l'intérêt est la mesure des actions : il « faut donc que l'intérêt soit né pour que l'action soit née, et que « l'on puisse l'intenter. » (Pigeau, Procéd. civ. part. I.re de la demande, tit. I.er, chap. 1.er)

Or l'allié, n'étant en aucune manière appelé à la succession de son allié, ne pourroit demander l'interdiction ; le ministère public même n'est autorisé à la provoquer que quand il ne se trouve pas de conjoint ou de parens connus : car, intéressés plus que personne à la conservation des biens, si, pour ne pas causer un éclat fâcheux, ou si, redoutant de faire rejaillir sur la famille l'humiliation d'un de ses membres, ils ne se plaignent pas, qui donc osera se plain-

dre? « Lorsque la sûreté publique n'est pas compromise, s'écrie
« l'orateur du Gouvernement, forcerez-vous le fils, le frère, l'é-
« pouse, à proclamer l'humiliation d'un père, d'un frère, d'un
« époux? »

Dans le deuxième cas, au contraire, qui est prévu par l'article
491, la tranquillité des citoyens et leur sûreté étant compromise
par les actes de violence auxquels la fureur de la personne dont
l'interdiction doit être demandée peut la porter, le procureur du
Roi est tenu de la provoquer lors même que tous les parens de la
personne seroient connus; et en même temps, pour assurer da-
vantage le repos des particuliers, le deuxième paragraphe de l'article 479 du Code pénal prononce des peines contre les parens, s'ils
avoient occasioné des dommages à autrui par la divagation de
fous ou de furieux.

§. 2.

L'effet de l'interdiction étant de restreindre ou même d'ôter entièrement à un individu la liberté de disposer de ses biens, et
quelquefois de sa personne, il paroît naturel de ne pouvoir la prononcer que contre ceux qui jouissent de cette liberté: en consé-
quence le majeur sera interdit. LOCRÉ, MM. DELVINCOURT et PI-
GEAU pensent que les mineurs en général peuvent aussi l'être, contre le texte de l'article 489, qui, en se servant du mot *majeur*, sem-
ble avoir voulu exclure le mineur, par suite de cet adage : *qui de
uno dicit, de altero negat.* Quoi qu'il en soit de leur opinion, si
l'interdiction peut frapper le mineur, ce ne peut être que lorsqu'il
a atteint l'âge de seize ans; avant cet âge, il n'est capable d'aucun
acte de la vie civile. S'il s'oblige sans son tuteur, à la vérité, son
obligation n'est pas nulle de droit, mais il peut à sa majorité se
faire restituer contre son consentement, s'il recouvre la jouissance
de ses facultés morales : au cas contraire, l'interdiction prononcée,

les parties intéressées pourront opposer l'article 503, qui a prévu le cas, en statuant que les actes antérieurs à l'interdiction pourroient être annulés si la cause de l'interdiction existoit notoirement à l'époque où ces actes avoient été faits; d'où l'on pourroit conclure que, même après seize ans, il seroit inutile de provoquer l'interdiction d'un mineur, puisque, lors de la majorité, l'interdiction prononcée, on pourra faire annuler les actes qui porteroient avec eux l'empreinte notoire de la démence, comme il vient d'être dit.

Le Droit romain, dont l'autorité est d'un si grand poids chez toutes les nations, ne permettoit pas que les pupilles fussent interdits; la Loi des douze tables portoit : *Si furiosus aut prodigus existat, ast ei custos nec escit, agnatorum gentiliumque in eo pecuniave potestas esto.* Il en résulte clairement que l'interdiction ne pouvoit atteindre ni le pupille ni le pubère en curatelle.

La commission avoit pensé aussi que le vœu de la loi étoit rempli à l'égard du mineur en démence, tant qu'il se trouvoit sous la conduite d'un tuteur, et elle avoit proposé la disposition suivante : « La provocation en interdiction n'est point admise contre les mineurs non émancipés; elle l'est contre les mineurs qui ont été émancipés. »

En vain objecteroit-on encore l'article 174, qui porte, au 2.ᵉ alinéa : « Lorsque l'opposition (au mariage) est fondée sur l'état de démence du futur époux, cette opposition, dont le tribunal pourra prononcer main-levée pure et simple, ne sera jamais reçue qu'à la charge, par l'opposant, de provoquer l'interdiction et d'y faire statuer dans le délai qui sera fixé par le jugement. » Cette disposition se rapporte évidemment aux majeurs : l'opposition au mariage reçue, ils étoient encore capables de tous autres actes civils; leur démence devoit les entraîner à une ruine certaine, et il paroissoit peu naturel et cruel même de les abandonner à leur incapacité, après en avoir acquis la preuve. Le mineur, au contraire, déjà sous la surveillance d'un tuteur, seroit interdit sans qu'il en résultât aucun avantage pour lui : et pourquoi entacher un individu d'un acte aussi défavorable, sans motifs et sans qu'il en naisse aucun bien pour lui ou la société ?

D'ailleurs, cette opinion établiroit une contradiction évidente entre les articles 490 et 175 ; car, dans une infinité de tutelles, aucun lien de parenté n'unit le pupille au tuteur, qui par l'un des deux articles est forcé, en s'opposant au mariage, de demander l'interdiction ; tandis que par le second cette faculté lui est ôtée, puisque l'article ne l'accorde qu'aux parens seuls du mineur.

§. 3.

Il résulte de la définition même, que l'interdiction ne peut avoir lieu qu'à l'égard des individus qui sont dans un état habituel d'imbécillité, de démence ou de fureur.

L'imbécillité est un affoiblissement de toutes les facultés morales ; elle résulte de l'absence des idées : la démence est un bouleversement de ces idées, qui, en empêchant le rapprochement et la comparaison, ne permet pas qu'il puisse jaillir un jugement : la fureur est un penchant irrésistible à se porter à des actes de violence ou de cruauté.

Des intervalles lucides, ne dénotant que des retours accidentels de la raison, ne pourroient pas être opposés à la demande en interdiction. La prodigalité n'est pas au nombre des causes de l'interdiction totale.

SECTION III.

Formes de l'interdiction.

Le Législateur a réservé la connoissance d'une matière aussi délicate aux tribunaux de première instance.

La demande s'introduit par une requête présentée au président du tribunal du domicile de la personne que l'on veut faire interdire (492); la communication en est aussitôt faite au ministère public (Cod. de proc. 891), et, sur le rapport d'un juge commis à cet effet par le président, le tribunal ordonne la convocation d'un conseil de famille (Code de proc., 892). L'article 495 défend à ceux qui ont provoqué l'interdiction, d'en faire partie ; l'époux, l'épouse ou les enfans y sont seuls admis, quoique demandeurs, mais sans y avoir voix délibérative.

Ce conseil, composé de parens, d'alliés ou d'amis du prétendu insensé, donne son avis sur son état (494), et les juges à leur tour sont appelés à s'assurer par eux-mêmes de la démence, imbécillité ou fureur du provoqué. Si leur religion n'est pas assez éclairée par un premier interrogatoire, ils peuvent en faire subir plusieurs (496). Après ces interrogatoires, comme un grand nombre de formalités peuvent encore entraîner des délais qui pourroient devenir préjudiciables au défendeur, la loi autorise la nomination d'un administrateur provisoire, chargé de la personne et des biens (497). Les juges, après avoir cherché la vérité dans les pièces et les témoignages produits par le provocateur (495), dans l'opinion du conseil de famille, dans les réponses du défendeur lui-même, et, enfin, dans une enquête, si les preuves n'ont pas paru assez fortes, prononcent un jugement définitif, qui est rendu sur les conclusions du procureur du Roi ; formalité exigée dans tous les jugemens en matière d'interdiction.

Enfin, toutes les personnes qui pourroient contracter avec l'interdit ayant le plus grand intérêt à connoître le jugement qui lui en ôte le pouvoir, cet arrêt ou jugement sera, à la diligence du demandeur, levé, signifié à partie, et inscrit dans les dix jours sur les tableaux qui doivent être affichés dans la salle de l'auditoire et dans les études des notaires de l'arrondissement.

SECTION IV.

Effets de l'interdiction.

Loin de détruire l'état civil, elle ne fait qu'en suspendre l'exercice, qui doit être rendu à l'interdit en cas de guérison.

Le premier effet que produit le jugement d'interdiction, s'il n'y a point d'appel, ou s'il est confirmé sur appel (5o5), est de faire nommer un tuteur et un subrogé tuteur à l'interdit (5o9), et de l'assimiler au mineur pour sa personne et pour ses biens.

La tutelle des interdits est toujours dative, un seul cas excepté : elle n'est légitime que pour le mari à l'égard de sa femme en démence (5o6). La femme peut aussi être nommée tutrice de son mari ; mais alors le Législateur ne s'en rapporte pas entièrement à elle du gouvernement de la famille : renfermée auparavant dans le cercle des occupations domestiques, son inexpérience pourroit lui devenir funeste ; il l'a environnée des avis du conseil de famille, qui lui-même est subordonné à la sagesse des tribunaux, si, lésée dans ses droits, la tutrice en appeloit à leur décision.

La tutelle n'a pour terme fixe, relativement à l'interdit, que la durée incertaine de son état ou de sa vie ; l'administration n'en cesse pour l'époux, l'ascendant ou le descendant, que par ces mêmes causes : mais le tuteur étranger ou collatéral peut obtenir son remplacement au bout de dix ans. Il étoit peut-être dangereux autant qu'injuste de ne donner pour borné à un ministère aussi pénible que la mort de l'interdit.

L'interdiction et ses effets ont lieu du jour du jugement ; tous actes passés postérieurement par l'interdit seul, seront nuls de plein droit, et l'on a vu que les actes, même contractés avant, peuvent être annulés : mais, lorsqu'il est devenu impossible, par la mort d'une personne, de constater de la manière la plus sûre, c'est-à-dire, par l'examen de cette personne, l'état de sa raison, les actes par elle faits seront inattaquables. Il en seroit autrement si, même après la mort, il se présentoit des preuves émanantes du fait même de la personne dont on voudroit faire annuler les actes, ou que l'interdiction eût été provoquée de son vivant.

Le tuteur n'ayant aucun droit d'aliéner les biens de l'interdit pour l'établissement de ses enfans, la loi fait régler les conventions matrimoniales par un conseil de famille (511); sa sollicitude va si loin, et elle surveille avec tant de soins les intérêts de celui auquel elle a ôté le droit d'agir par lui-même, qu'elle veut que ces conventions soient de plus homologuées par le tribunal et sur les conclusions du procureur du Roi.

De l'interdiction doit toujours résulter un bien sensible pour l'interdit. C'est moins l'intérêt d'une famille que l'on recherche, que celui d'un sujet, si toutefois il ne s'agit pas d'un furieux. C'est en partant de ce principe, que le Code a voulu que les revenus d'un interdit fussent essentiellement employés à adoucir son sort, à accélérer sa guérison; et, si la maladie cède enfin aux efforts de l'art et aux soins de l'humanité, il recouvre la jouissance de tous ses droits, et elle lui est rendue avec les mêmes formalités et précautions qui la lui ont ôtée.

JUS ROMANUM.

« Lege XII tabularum, prodigo interdicitur bonorum suorum
« administratio. (L. 1, ff. de cur. fur.) Moribus per prætorem bonis
« interdicitur hoc modo : quando tua bona paterna avitaque ne-
« quitia tua disperdis, liberosque tuos ad egestatem perducis, ob
« eam rem, tibi, ea re, commercioque interdico. » (PAUL. Recept.
sent. III, t. 4 , §. 7.)

« Prætores vel præsides solebant, si talem hominem invenerint,
« curatorem ei dare, exemplo furiosi (L. 1, ff. de cur. fur.) ; nam
« lege XII tabularum jam cautum fuerat, ut agnatis gentilibusque
« in eorum pecuniam et facultates potestas esset : » qua ratione
furiosorum et prodigorum curatio tantum erat legitima ; attamen,

« Sæpe ad alium lege XII tabularum curatio furiosi aut prodigi
« pertinet, alii prætor administrationem dat, scilicet cum ille legi-
« timus inhabilis ad eam rem videatur. » (L. 13, ff. eod.)

« Consilio et opera curatoris tueri debet non solum patrimo-
« nium, sed corpus ac salus furiosi. » (L. 7, ff. eod.) Curator furiosi habentis dilucida, seu sana intervalla, eo etiam tempore curator est ; fuerit igitur in hac specie cura ipsa continua , administratio vero discontinua : « nam per intervalla quæ perfectissima sunt,
« nihil curatorum agere, sed ipsum posse furiosum, dum sapit et
« hereditatem adire et omnia alia facere quæ sanis hominibus com-
« petunt. » (L. 6, C. de cur. et fur.) Mente capti, surdi et muti, et
qui perpetuo morbo laborant, curatores (quia rebus superesse ne-
queunt) etiam accipiant, proconsulis officio.

Ille cui bonis interdictum est bona sua augendo prodigus non
est, et « stipulando sibi acquirit ; tradere vero non potest, vel pro-
« mittendo obligari. » (L. 6, ff. de verb. oblig.)

« Julianum scribit, eos quibus per prætorem bonis interdictum
« est, nihil transferre posse ad aliquem, quia in bonis non habeant,
« cum eis diminutio sit interdicta. » (L. 10, ff. de cur. fur.)

« Is, cui lege bonis interdictum est, testamentum facere non pot-
« est; et si fecerit, ipso jure non valet. Quod tamen interdictione
« vetustius habuerit testamentum, hoc valebit. » (L. 18, ff. qui test.
fac. pos.) Patet hoc etiam ex Inst. *quib. non est permis. fac. test.*

« In adversa corporis valetudine mente captus eo tempore testa-
« mentum facere non potest. » (L. 17, ff. eod.)

« Surdus, mutus, testamentum facere non possunt. (L. 6, ff. eod.)

« Si mutus, aut surdus, ut liceret sibi testamentum facere, a
« principe impetraverit, valet testamentum » (L. 7, ff. eod.), si modo
solemnitates in eo observaverit.

« Furiosæ matris curatio filio pertinet (L. 4, ff. eod.); virum
« uxori mente captæ curatorem dari non oportet. » (L. 14, eod.)

« Curatio autem filii negabatur permittenda, sed extat D. Pii
« rescriptum filio permittendam in patre furioso, si tam probus sit. »
(LL. 1 et 2, ff. eod.)

« Filium, si sobrie vivat, patri curatorem dandum magis quam
« extraneum. » (L. 12, ff. tutor. et curator.)

« Furiosorum et morbo impeditorum curatio, recepta valetudine;
« prodigorum denique, receptis sanis moribus, et sublata a præ-
« tore interdictione bonorum, finitur. (L. 1, ff. de cur. fur.)

FIN.